OCT — - 2012

DATE DUE

D1444310

Hibernación

por Robin Nelson

Mi primer paso al mundo real

ediciones Lerner · Minneapolis

La nieve cubre el suelo.

Es invierno. ¿Dónde están
los animales?

Muchos animales están **hibernando**.

La hibernación es como un sueño profundo.

La hibernación es parte de un **ciclo**.

Los animales hibernan para **sobrevivir** al invierno.

Hibernan porque hace frío.
No pueden encontrar comida.

La nieve esconde las
plantas y otros alimentos.

Este oso duerme en su
cueva durante el invierno.

En la primavera, el oso se levantará y saldrá.

Algunas serpientes hibernan.

La mayoría de las ardillas
de tierra hibernan.

Algunos murciélagos hibernan.

Los erizos hibernan.

Muchos animales hibernan
todos los inviernos.

El ciclo sucede todos los años.

Aprende más sobre la hibernación

Los osos no hibernan de la misma manera que otros animales. Hibernar no es lo mismo que dormir. Cuando los animales hibernan, los latidos de su corazón son más lentos. El cuerpo se enfría. Cuando los animales hibernan, resulta difícil despertarlos. Pero los osos no duermen tan profundamente como otros animales que hibernan. Sus cuerpos no se enfrían demasiado. Se levantan con frecuencia para comer. Luego vuelven a dormir.

Datos sobre la hibernación

 Algunos animales que hibernan duermen todo el invierno sin despertarse. Otros animales que hibernan se despiertan durante el invierno para comer y luego se vuelven a dormir.

 Los animales que hibernan se pasan el otoño comiendo y juntando alimentos para que les dure todo el largo invierno.

 El único pájaro que hiberna es el chotacabras común.

 Estos son algunos de los animales que hibernan: ardillas listadas, hámsters, zorrillos, murciélagos, marmotas de las praderas, ranas, lagartos, serpientes, tortugas y algunos insectos como las abejas y las mariquitas.

 ¿Dónde hibernan los animales? Algunos animales hibernan bajo la tierra en una madriguera. Otros encuentran refugio en árboles. El oso hiberna en una caverna o cueva.

Glosario

 ciclo: algo que ocurre una y otra vez a lo largo del tiempo

 cueva: un lugar seguro y oculto para un animal salvaje

 hibernar: dormir o descansar durante el invierno

 sobrevivir: permanecer vivo

Índice

La edición en español fue realizada por un equipo de traductores nativos de español de transperfect.com, empresa mundial dedicada a la traducción.

Las imágenes presentes en este libro se reproducen con autorización de: © Kristian Sekulic/Shutterstock Images, pág. 2; © Pakhnyushchyy/Dreamstime.com, pág. 3; © Joe McDonald/Visuals Unlimited/Getty Images, págs. 4, 22 (3° desde la parte superior); © George McCarthy/naturepl.com, pág. 5; © Steve Hopkin/Taxi/Getty Images, págs. 6, 22 (1° desde la parte superior); © age fotostock/SuperStock, págs. 7, 22 (4° desde la parte superior); © Cameron Read/Taxi/Getty Images, pág. 8; © Tom Murphy/SuperStock, pág. 9; © Flirt/SuperStock, págs. 10, 22 (2° desde la parte superior); © Stephen J. Krasemann/Photographer's Choice/Getty Images, pág. 11; © Tom McHugh/Photo Researchers, Inc., pág. 12; © Charles P. George/Visuals Unlimited, pág. 13; © Lynn M. Stone/naturepl.com, pág. 14; © Mike Birkhead/Photolibrary/Getty Images, pág. 15; © Bob Elsdale/The Image Bank/Getty Images, pág. 16; © Eric Baccega/naturepl.com, pág. 17; © Igor Shpilenok/naturepl.com, pág. 18.

Portada: © Charles P. George/Visuals Unlimited, Inc.

ediciones Lerner
Una división de Lerner Publishing Group
241 First Avenue North
Minneapolis, MN 55401 EUA

Dirección de Internet: www.lernerbooks.com

Library of Congress Cataloging-in-Publication Data

Nelson, Robin, 1971–
    [Hibernation. Spanish]
    Hibernación / por Robin Nelson.
      p.   cm. — (Mi primer paso al mundo real - descubriendo los ciclos de la naturaleza)
    Includes index.
    ISBN 978-0-7613-9336-8 (lib. bdg. : alk. paper)
    1. Hibernation—Juvenile literature. I. Title.
QL755.N4518 2013
591.56'5—dc23   2011051060

Fabricado en los Estados Unidos de America
1 – DP – 7/15/12